ISBN 9788411744201 © Eve Stars, 2023
Impresión y editorial: BoD – Books on Demand
info@bod.com.es – www.bod.com.es
Impreso en Alemania – Printed in Germany

Este libro pertenece a este extraordinario, magnético y maravilloso Escorpio

Escorpio
23 DE OCTUBRE – 22 DE NOVIEMBRE

ERES UN SIGNO INTENSO CON UNA ENERGÍA EMOCIONAL ÚNICA EN TODO EL ZODÍACO. AUNQUE PUEDAS PARECER TRANQUILO, LOS ESCORPIO TENÉIS MUCHA FUERZA, MAGNETISMO Y PODER INTERIOR ESCONDIDOS DENTRO.

COMPULSIVO

CELOSO

EMOCIONAL

PODEROSO

DECIDIDO

OBSESIVO

ERES UN SIGNO DE AGUA,
INTENSO, RESERVADO Y...
CAUTIVADOR.

ERES EL SEDUCTOR
DEL ZODÍACO (Y LO SABES)

TU EMPLAZAMIENTO NATURAL
ES LA OCTAVA CASA,
LA CASA DE LAS PASIONES:

SEXO, NACIMIENTO Y MUERTE
(IGUALITO QUE UN CULEBRÓN)

ESCORPIO ESTÁ GOBERNADO POR
PLUTÓN
SOY TU COLEGA FIEL

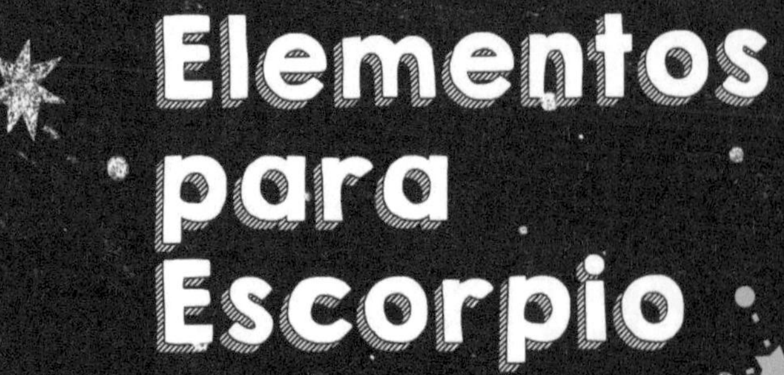

Elementos para Escorpio

COLORES: ROJO OSCURO, MARRÓN Y NEGRO.

VÍSTETE CON ESTOS COLORES CUANDO QUIERAS LIGAR Y SERÁS MÁS IRRESISTIBLE (SI ES POSIBLE SERLO AÚN MÁS)

PIEDRAS: TOPACIO, MALAQUITA Y JASPE.

CUANDO TROPIECES DOS VECES, COMO SUELES HACER, QUE SEA AL MENOS CON ALGUNA DE ESTAS PIEDRAS

ÁRBOLES: EL TEJO, EL CEDRO Y LA ACACIA.

LAS SIESTAS NO VALEN DEBAJO DE CUALQUIER ÁRBOL, QUE SEAN ESTOS

FLORES: AZALEA, GLADIOLO Y ELÉBORO.

LOS VULGARES RAMOS DE ROSAS NO ESTÁN A TU ALTURA. EXIGE MÁS

Hablemos claro, Escorpio

ERES EMOCIONAL, DECIDIDO, PODEROSO Y APASIONADO, UN SIGNO CON MUCHO MAGNETISMO. TE GUSTA LA VERDAD, EL TRABAJO CUANDO TIENE SENTIDO, INVOLUCRARTE EN CAUSAS Y CONVENCER A LOS DEMÁS. LOS SIGNOS QUE BUSCAN LIDERAZGO Y SEGURIDAD EN SU PAREJA, NO SE SENTIRÁN DEFRAUDADOS POR TI.

TU TENACIDAD Y FUERZA DE VOLUNTAD SON ÚNICAS PERO SIN EMBARGO ERES MUY SENSIBLE Y TE AFECTAN FÁCILMENTE LAS CIRCUNSTANCIAS QUE TE RODEAN.

VULNERABLE Y FÁCILMENTE HERIDO O ALUDIDO, PUEDES PERDER TOTALMENTE LOS NERVIOS AL PERCIBIR, INCLUSO ERRÓNEAMENTE, QUE ALGUIEN TE HA INSULTADO. NO SABES MORDERTE LA LENGUA Y PUEDES SER MUY CRÍTICO.

SI LOGRAS UTILIZAR TU ENORME ENERGÍA DE FORMA CONSTRUCTIVA, PUEDES SER UN GRAN ACTIVO PARA LA SOCIEDAD Y TE PUEDES CONVERTIR EN UN GRAN LÍDER. PEEEEERO, DEBES APRENDER A CONTROLARTE, PORQUE PUEDES LLEGAR A SER DEMASIADO EXIGENTE Y RESENTIDO CON LOS DEMÁS.

ERES UN EXCELENTE AMIGO DE LOS QUE CONSIDERAS MERECEN TU RESPETO.

MUY IMAGINATIVO E INTUITIVO, TIENES UNA GRAN CAPACIDAD PARA ANALIZAR SITUACIONES Y PERSONAS.

DE TODOS LOS SIGNOS DEL ZODÍACO ERES EL QUE MÁS PROBABILIDAD TIENES DE CONVERTIRTE EN UN GENIO SIEMPRE Y CUANDO CONTROLES TU LADO NEGATIVO PORQUE SI TOMAS EL CAMINO EQUIVOCADO PUEDES SER MUY DESTRUCTIVO HACIA TI MISMO Y HACIA OTRAS PERSONAS. DEBES INTENTAR EVITAR LA ARROGANCIA, LA AGRESIVIDAD Y LOS CELOS, YA QUE SI TE RINDES ANTE TALES SENTIMIENTOS NEGATIVOS, TAL ES TU FUERZA PARA SENTIR INTENSAMENTE, QUE PUEDES PERDER EL CONTROL. ¡Y ESO NOOOOOOOOOOOO!

Amuletos

¿CREEMOS EN LAS FUERZAS OCULTAS? ¡Síííí! ¿Y CREEMOS EN LOS AMULETOS? ¡TAMBIÉÉÉÉN! PUES TIRA YA ESA PATA DE CONEJO RANCIA, ESTOS SON LOS AMULETOS QUE TE AYUDARÁN A CONSEGUIR TODAS TUS METAS.

LOS AMULETOS MÁS EFECTIVOS PARA TI SON LOS QUE TIENEN QUE VER CON LA TIERRA, PUES TU ANIMAL DE PODER ES LA SERPIENTE. EN EL FONDO DE TI HAY UN ALMA REBELDE QUE ESTÁ DISPUESTA A JUGARSE EL PARAÍSO POR LA PASIÓN Y ESCUCHAR EL CONSEJO DE LA SERPIENTE, TE LLEVE A DONDE TE LLEVE, CON TODAS LAS CONSECUENCIAS. PEQUEÑAS FIGURAS O DIBUJOS DE ESTE ANIMAL SIEMPRE DEBEN ACOMPAÑARTE. ¡PERO! EVITA TENER UNA SERPIENTE COMO MASCOTA: ESAS SERVIDUMBRES NO SON BIEN VISTAS POR LOS ASTROS.

COLOR ROJO. EL COLOR QUE MEJOR RINDE FORTUNA A LOS ESCORPIO. ES EL QUE TE PROPORCIONA LA ENERGÍA PARA LLEGAR A DONDE QUIERES LLEGAR: EL CORAZÓN DE LOS QUE AMAS. DE MANERA QUE EL ROJO DEBE SER PARTE ESENCIAL DE TU ROPA, MUEBLES Y HOGAR Y DEBES OSTENTARLO SIEMPRE QUE TE ENCUENTRES ANTE UNA SITUACIÓN DIFÍCIL. EL ROJO ILUMINARÁ TU CAMINO.

ORO. SI QUIERES QUE LA SUERTE TE GUÍE, ROMPE LA HUCHA PORQUE DEBES LLEVAR CONTIGO UNA PIEZA DE JOYERÍA DE ORO AUTÉNTICO. NO SÓLO POR SUS PROPIE-DADES METÁLICAS Y SU BELLEZA: EL ORO SIMBOLIZA PACTOS Y ACUERDOS, AMORES QUE SE CONSUMAN Y VIAJES QUE LLEGAN A BUEN PUERTO. EL ORO HARÁ QUE TU PASIÓN DESMEDIDA SE ENCAMINE A UN OBJETI-VO CONCRETO Y LOGRES LO QUE DESEAS. EL ORO ES TU MEJOR ARMA EN LAS BATALLAS DEL AMOR.

CORAL. LOS OBJETOS REALIZADOS EN ESTE MATERIAL ATRAEN ENERGÍAS POSITIVAS QUE TE AYUDARÁN EN TU AJETREADO DEAMBULAR DE UNA PASIÓN A LA OTRA, DE UN DESEO AL SIGUIENTE. HAY MUCHO DE MAR, LUNA Y

Y VIDA EN LA MEMORIA DEL CORAL: ESA CONCENTRACIÓN DE FUERZAS TE PROTEGE Y GUÍA. PUEDES COLOCAR UN PEQUEÑO TROZO DE CORAL EN TU CASA O LLEVARLO COMO PARTE DE ALGÚN COLGANTE.

CLAVEL ROJO. SI DESEAS UN AMULETO VIVO ENTONCES ESTA FLOR DEBE SER TU ELECCIÓN. SENSUAL Y A LA VEZ SERENA, REVISTE DE UN SINGULAR ATRACTIVO A TODO ESPACIO EN DONDE SE LA COLOCA E IRRADIA A LA VEZ UN AURA DE PASIÓN Y DE ROMANTICISMO. ESTA FLOR SIM-BOLIZA LO QUE TODO NATIVO DE ESTE SIGNO DESEA PARA SU VIDA: UN AMOR LLENO DE SENTIDO.

 AMULETO DOMÉSTICO PARA ESCORPIO 

INVOCA A TU ANIMAL PROTECTOR, LA SERPIENTE, CON UN PEQUEÑO JARDÍN DE ARENA. TODO LO QUE NECESI-TAS ES UN RECIPIENTE METÁLICO. LLÉNALO CON ARENA Y ROCAS DE UN ENTORNO NATURAL. CON UNA RAMA DIBUJA UNA SERPIENTE EN EL CENTRO DE LA ARENA: ERES TÚ QUIEN DEBE HACERLO.
COLÓCALO JUNTO A TU PUERTA Y NINGÚN MAL ENTRARÁ EN TU CASA.

YO CUIDARÉ DE TI
4 13 21
TUS NÚMEROS DE LA SUERTE

Tus miedos

¿Y A QUÉ LE TIENE MIEDO EL INCREÍBLE ESCORPIO? A PESAR DE TU CONSTANTE ASPIRACIÓN A LA INDEPENDENCIA, ERES UN SER MUUUY SOCIABLE. NO HAY NADIE MÁS ELEGANTE, MÁS MOLÓN, QUE BRILLE MÁS EN FIESTAS Y REUNIONES DE TRABAJO CON TU MIRADA PENETRANTE Y SEDUCTORA QUE TÚ.

POR ELLO MISMO, SI HAY ALGO A LO QUE TEMES ES AL OSTRACISMO SOCIAL, A PERDER TU LUGAR BAJO EL SOL. ¿CÓMO REALIZAR NUESTROS JUEGOS DE SEDUCCIÓN SI NO HAY PÚBLICO PARA APRECIARLOS? ¿QUÉ SENTIDO TIENE SER EL QUE SE DEJA AMAR SI NO TENEMOS QUIEN NOS ADORE? ¿MODELAR, LIDERAR, SER EL CENTRO DE LAS MIRADAS SI NADIE DESEA VERNOS?

VIVES INTENSAMENTE TUS CELOS Y TUS QUERENCIAS PORQUE CREES QUE SI PIERDES TU LUGAR EN EL CENTRO DEL ESCENARIO, NADA VALDRÁ LA PENA. TE NIEGAS A DEJAR DE SER PROTAGONISTA Y CONVERTIRTE EN UN MERO ESPECTADOR.

SI HAY UN BANQUETE, NO SERÁS TÚ EL QUE SE CONFORME CON LAS MIGAJAS. TÚ HAS VENIDO A BRILLAR, CLARO QUE SÍ.

EL ESCORPIÓN ES UNA CRIATURA QUE SE ENCUENTRA EN LUGARES OSCUROS, COMO GRIETAS O CUEVAS. TAL VEZ LOS NACIDOS BAJO ESTE SIGNO SABÉIS DE ESTE HECHO, Y OS NEGÁIS A VOLVER A ESE ESTADO PRIMITIVO, EN LAS SOMBRAS.

VIVIMOS BAJO UNA CONSTANTE VIGILANCIA SOCIAL, ESPE-CIALMENTE EN ESTA ERA DE REDES DIGITALES. TODO EL TIEMPO, EN TODOS LOS CONTEXTOS, HAY QUIEN NOS MIDE, NOS VALORA, NOS APRUEBA... O DESAPRUEBA. ¡AUCH!

ESTE HECHO NOS HACE OLVIDARNOS DE LA QUE, SIN DUDA, ES LA CONCILIACIÓN MÁS IMPORTANTE: LA QUE TENEMOS CON NOSOTROS MISMOS.

LOS ESCORPIONES DEBERÍAIS APRENDER (MÁS QUE NADIE EN ESTE MUNDO) A SABER ACEPTAROS TAL Y COMO SOIS. RECONOCER TUS MÚLTIPLES HABILIDADES Y DONES, TU CAPITAL PARA INVERTIR Y... SÍ, TAMBIÉN TUS LIMITA-CIONES.

SÓLO SI ACEPTAS TUS FORTALEZAS Y DEBILIDADES PODRÁS DAR EL PASO QUE SE NECESITA PARA SUPERAR LO QUE TE ASUSTA... Y PARA ELLO NO HACE FALTA QUE NADIE, MÁS QUE TÚ MISMO, TE APLAUDA.

Si luchas
puedes perder,
si no luchas
estás perdido

Hablemos de lo que importa: el AMOR

TU SIGNO ES EL MÁS SENSUAL DE TODOS LOS QUE COMPONEN EL ZODÍACO, CON UNA MENTE TAN PRIVILEGIADA QUE SABE EXACTAMENTE CUAL ES EL CAMINO IDEAL PARA CONSEGUIR A TU PAREJA IDEAL.

TU INTUICIÓN ES EL AS QUE ESCONDES EN LA MANGA Y LA QUE TE PERMITE SABER QUÉ ES LO QUE LA OTRA PERSONA QUIERE EXACTAMENTE PARA PODER CUMPLIR SUS DESEOS.

AUNQUE TÚ SEPAS ENTREVER LO QUE ESCONDEN LAS PERSONAS, A ELLAS NO LES ES TAN FÁCIL PORQUE SABES MANTENER ESE AIRE DE SECRETO Y MISTERIO QUE, POR OTRO LADO, TE HACE TAN IRRESISTIBLE.

TE LANZARÁS DE CABEZA A VIVIR LOS ROMANCES PORQUE NO TE ASUSTA QUE LAS COSAS SALGAN MAL,

TIENES TANTA SEGURIDAD Y CONFIANZA EN TI MISMO QUE SABES QUE ESO ES CASI IMPOSIBLE QUE SUCEDA.

EL MATRIMONIO/NOVIAZGO TE APORTARÁ CIERTA ESTABILIDAD Y SEGURIDAD PERO TAMBIÉN UNA DOSIS ELEVADA DE CELOS.

CUANDO HAS OTEADO EN EL HORIZONTE A ESA PERSONA QUE CONSIDERAS TU MEDIA NARANJA TE MOSTRARÁS IMPULSIVO Y DECIDIDO Y NO PARARÁS HASTA CONSEGUIR LO QUE DESEAS.

PUEDES LLEGAR A SER BASTANTE CELOSO Y POSESIVO (¿LO HE MENCIONADO YA?) LO QUE PUEDE PROVOCAR QUE HASTA EL ROMANCE MÁS SÓLIDO Y MARAVILLOSO SE DESMORONE DEBIDO A TU FALTA DE CONFIANZA, EN EL OTRO Y, LA BASE DE TODO, EN TI MISMO.

POR MUY ENAMORADO QUE ESTÉS TU YO SIEMPRE SERÁ LO PRIMERO, Y ESO HACE QUE TE MUESTRES UN POCO INTOLERANTE Y QUE JUZGUES A LOS DEMÁS MUY A LA LIGERA.

SER Y DEJAR SER LA ÚNICA Y VERDADERA FORMA DE AMAR Y SER AMADO ES MOSTRARNOS TAL CUAL SOMOS. EL FINGIR, DISIMULAR, APARENTAR UNA FRIALDAD QUE EN REALIDAD NO TE IDENTIFICA, LEJOS DE PRESERVAR EL AMOR SÓLO TE ALEJA DE ÉL.
PERMITIRSE LA AUTENTICIDAD TOTAL Y ACEPTAR AL OTRO CON SUS DEFECTOS Y VIRTUDES ES EL VERDADERO CAMINO PARA UN AMOR REAL.

CREER Y CONFIAR VIVIR ANTICIPANDO ENGAÑOS, DESCONFIAR DE TODO Y DE TODOS PUEDE SER UNA BUENA ESTRATEGIA PARA LA GUERRA PERO NO PARA EL AMOR.

EN EL AMOR SIEMPRE NECESITAS UNA APUESTA FUERTE DE CONFIANZA MUTUA PARA CONSTRUIR UN VÍNCULO. DEBES CONFIAR NO SÓLO EN LA OTRA PERSONA SINO TAMBIÉN EN TI MISMO. EN QUE SABRÁS ELEGIR Y TAMBIÉN RETIRARTE SI ALGO NO ES BUENO PARA TI. PERO SI LO ES, DEBES DEJAR FLUIR Y SILENCIAR TUS PROPIOS MIEDOS PARA ESCUCHAR AL CORAZÓN.

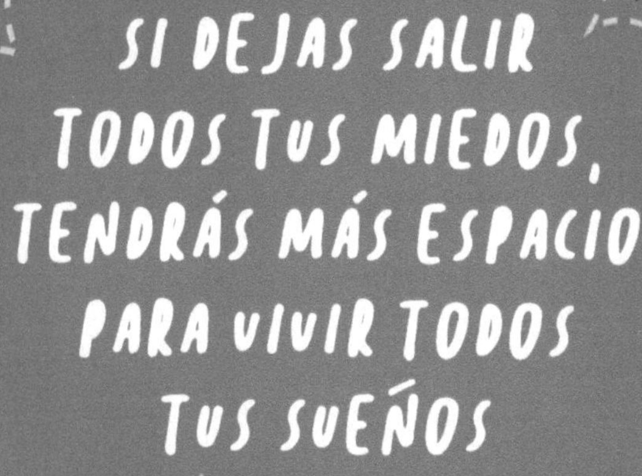

SI DEJAS SALIR
TODOS TUS MIEDOS,
TENDRÁS MÁS ESPACIO
PARA VIVIR TODOS
TUS SUEÑOS

CONSEJO DEL
GRAN
CROASÁN ESTELAR

ESCORPIO Y ESCORPIO. AGUA – AGUA

LA ATRACCIÓN SEXUAL ENTRE VOSOTROS ES FUERTE.

SOIS MUY PARECIDOS Y, SIN EMBARGO, APENAS OS ENTENDÉIS MUTUAMENTE.

EL MAYOR RETO SERÁ CUANDO LOS DESEOS INDIVIDUALES DE AMBOS ENTREN EN CONFLICTO. SI COINCIDÍS EN ALGO, GENIAL. SI NO, CADA UNO DE VOSOTROS ESTARÁ PREPARADO PARA NO CEDER HASTA GANAR.

PUESTO QUE CONOCÉIS VUESTRAS PROPIAS DEBILIDADES SECRETAS, CONOCÉIS TAMBIÉN LAS DE VUESTRA PAREJA. CUALQUIER PEQUEÑA TORMENTA SE CONVIERTE PRONTO EN UN TORNADO. MUCHOS PREFERIRÁN DESTRUIR TODA LA CIUDAD, QUE DEJAR QUE OTRO CONTROLE LA CIUDADELA.

EL VERDADERO VALOR ESTÁ EN VUESTRO POTENCIAL DE CRECIMIENTO ESPIRITUAL Y DESARROLLO PERSONAL.

SOIS LEALES Y ESTÁIS CENTRADOS. ESO VA A AYUDAR.

CONSEJO PARA HACER QUE FUNCIONE

AMBOS DEBÉIS CENTRAROS EN CONSTRUIR Y DESARROLLAR CONFIANZA, ADEMÁS DE COMPROMISO, Y PROCURAR NO NECESITAR DESTRUIRSE MUTUAMENTE EN CADA DISCUSIÓN.

SAGITARIO ADORA LOS CAMBIOS ASUMIENDO TODO TIPO DE RIESGOS PARA, A CONTINUACIÓN, PASAR AL SIGUIENTE GRAN RETO, ESCORPIO PREFIERE IR DIRECTAMENTE AL MEOLLO DE LA RELACIÓN. NO VA A SER FÁCIL.

DADO QUE AMBOS TENÉIS MUCHO INTERÉS POR EL SEXO, ESTA COMBINACIÓN PUEDE SER UNA DE LAS MÁS FOGOSAS DEL ZODÍACO. PERO SAGITARIO ES IMPULSIVO, INCLUSO CAPRICHOSO, MIENTRAS QUE CON ESCORPIO TODO SUCEDE BAJO LA SUPERFICIE, SIENDO MUY DIFÍCIL SABER QUÉ ESTÁ PASANDO REALMENTE.

SAGITARIO ES IRASCIBLE PERO SE CALMA ENSEGUIDA, MIEN-TRAS QUE ESCORPIO PUEDE ESTAR QUE ARDE DURANTE DÍAS ANTES DE ESTALLAR EN UN FURIOSO VOLCÁN.

ESCORPIO PUEDE SER TAMBIÉN POSESIVO Y CELOSO, ALGO QUE CHOCA CON EL ESPÍRITU DE LIBERTAD DE SAGITARIO.

CONSEJO PARA HACER QUE FUNCIONE

SAGITARIO PUEDE DAR MÁS PESO A SU LADO DE CUIDADOS GENEROSOS QUE AL SALVAJE Y ESCORPIO ESTAR DISPUESTO A SALIR DE SU CONCHA Y PROBAR ESE MUNDO SALVAJE CON SAGITARIO.

ESCORPIO Y CAPRICORNIO. AGUA - TIERRA

SE TRATA DE UNA COMBINACIÓN APASIONADA Y FIEL,
UNA DE LAS MEJORES DEL ZODÍACO.
ESCORPIO ES FAMOSO POR SER SEDUCTOR Y FOGOSO Y A
CAPRICORNIO NO LE MOLESTARÁ NI LO MÁS MÍNIMO. MIEN-
TRAS NO SEDUZCA A ALGUIEN MÁS, ESTARÁ ENCANTADO
DE RECIBIR TANTA PASIÓN Y DESEO. ESCORPIO NO TEME
ACERCARSE DE VERDAD Y CON FRANQUEZA Y ESO IMPRESIO-
NA A CAPRICORNIO.
ESCORPIO PUEDE SER MUY LEAL Y MOSTRAR UN GRAN COM-
PROMISO CON LOS OBJETIVOS CONJUNTOS Y NO LE IMPOR-
TARÁ QUE CAPRICORNIO ASUMA EL PAPEL DE LIDERAZGO.
AÚN ASÍ, HABRÁ QUE TENER CUIDADO Y MANTENER BIEN
ABIERTAS LAS LÍNEAS DE COMUNICACIÓN.
ESTA PUEDE SER UNA RELACIÓN MUY EXITOSA Y DURADERA
CON UN GRAN POTENCIAL PARA EL LARGO RECORRIDO.

CONSEJO PARA HACER QUE FUNCIONE (¡AÚN MEJOR!)

ESCORPIO TENDRÁ QUE RESPETAR LA NECESIDAD DE CAPRI-
CORNIO DE CENTRARSE EN EL TRABAJO Y EN SUS OBJETI-
VOS Y CAPRICORNIO TENDRÁ QUE BUSCAR TIEMPO PARA
HACER QUE ESCORPIO SE SIENTA MÁS QUERIDO.

ESCORPIO Y ACUARIO. AGUA — AIRE

LA COMPATIBILIDAD ES BASTANTE BAJA.
TENÉIS PERSONALIDADES MUY DIFERENTES Y LA FORMA DE ENFOCAR LA VIDA Y LAS RELACIONES ES MUY DISTINTA.
SÍ OS PARECÉIS EN LA ACTITUD CABEZOTA DE IMPONERSE AL OTRO Y QUERER TENER SIEMPRE RAZÓN. ¡UPS!
ESCORPIO ES INTENSO Y EMOCIONAL Y LE COSTARÁ ASUMIR LA PARTE MÁS IMPREDECIBLE DE LOS ACUARIO. ACUARIO ES EQUILIBRADO Y PRÁCTICO Y LE COSTARÁ COMPRENDER EL AIRE DE MISTERIO Y LOS CELOS DE ESCORPIO. UN SINVIVIR.
A NINGUNO OS IMPORTA AFRONTAR UN DESAFÍO O PERSE-GUIR UNA UTOPÍA. ESTO PUEDE SER DECISIVO SI AMBOS QUERÉIS APOSTAR POR VUESTRO AMOR: CON PERSEVERAN-CIA TAL VEZ LOGRÉIS ADAPTAROS A LA PERSONALIDAD DEL OTRO Y SEGUIR ADELANTE.
LA PASIÓN SEXUAL DE ESCORPIO ENCAJA BIEN CON LA DIS-POSICIÓN POR PARTE DE ACUARIO DE EXPLORAR SENSA-CIONES NUEVAS. ¡NO TODO VA A SER MALO!

 CONSEJO PARA HACER QUE FUNCIONE

ES NECESARIO QUE AMBOS COMPRENDAN Y VALOREN SUS DIFERENCIAS Y LUCHEN JUNTOS POR SU AMOR.

ESCORPIO Y PISCIS. AGUA — AGUA

LA ATRACCIÓN ES IRRESISTIBLE, UNA UNIÓN CON TODAS LAS POSIBILIDADES DE ÉXITO. LOS DOS SOIS APASIONADOS Y LEALES. ESCORPIO ES UN SIGNO FIJO, POR LO QUE UNA VEZ QUE SE COMPROMETE, SE ENTREGA TOTALMENTE.
OS COMUNICARÉIS DE FORMA SUTIL, LEYENDO EL ESTADO DE ÁNIMO DEL OTRO Y SUS PENSAMIENTOS.
LOS DOS SOIS RESERVADOS POR NATURALEZA. SI AMBOS RE-CHAZÁIS AFRONTAR LOS PROBLEMAS, ESTOS ESTARÁN A LA VUELTA DE LA ESQUINA. CUIDADO CON ESO.
ESCORPIO SENTIRÁ DEVOCIÓN POR SU IMAGINATIVO AMANTE Y EL ESTILO DE PISCIS TRAERÁ CHISPA A LA VIDA DE ESCORPIO.
ESTA UNIÓN LO TIENE TODO, DESDE EL EROTISMO SENSUAL A LO PROFUNDAMENTE ESPIRITUAL. ÍNTIMA Y DURADERA, ES UNA COMBINACIÓN PERFECTA.

CONSEJO PARA HACER QUE FUNCIONE (¡AÚN MEJOR!)

PISCIS ES SENSIBLE, POR LO QUE ESCORPIO DEBERÁ TENER CUIDADO CON SU DESPIADADO AGUIJÓN.
SI OS ENFRENTÁIS A LOS PROBLEMAS, EN VEZ DE REHUIR-LOS, NO HABRÁ NADA QUE NO PODÁIS RESOLVER JUNTOS.

ESCORPIO Y ARIES. AGUA — FUEGO

COMBINACIÓN MUY COMPLICADA DEBIDO A LAS ENORMES DIFERENCIAS ENTRE SUS CARACTERES.

ARIES TIENDE A SER EXTROVERTIDO, SEGURO E IMPULSIVO Y NO SUELE TOMARSE BIEN LAS CRÍTICAS; MIENTRAS QUE LOS ESCORPIO SON MUCHO MÁS INTROVERTIDOS, PRÁCTICOS, CONSERVADORES E INCLUSO, PESIMISTAS.

UNA RELACIÓN MUY APASIONADA E INTENSA CON MARCA- DOS ALTIBAJOS, LLENA DE PELEAS Y FUEGOS ARTIFICIALES.

SI AMBOS ESTÁIS DECIDIDOS A HACER QUE LA RELACIÓN FUN- CIONE, SE PUEDE LOGRAR UNA FELICIDAD Y SATISFACCIÓN ÚNICAS, PERO EL CAMINO NO SERÁ FÁCIL.

MUCHOS SIGNOS NO TIENEN LA ENERGÍA NECESARIA PARA SEGUIR EL RITMO DE ESCORPIO, PERO ARIES TIENE AMBAS, TANTO FÍSICA COMO MENTAL, PUNTO A FAVOR PARA EL ÉXITO DE LA RELACIÓN.

SEXUALMENTE SOIS MUY COMPATIBLES. 

 CONSEJO PARA HACER QUE FUNCIONE

AMBOS DEBERÉIS APRENDER A TENER TACTO Y EVITAR ENTRAR EN UNA RELACIÓN DE FUERZA.

ESCORPIO Y TAURO. AGUA – TIERRA

LA COMPATIBILIDAD ES ALTA. SOIS SIGNOS ZODIACALES OPUESTOS Y POR ESO OS ATRAÉIS MUTUAMENTE.

VUESTRO PRIMER ENCUENTRO PODRÍA SER SENCILLAMENTE INCREÍBLE Y A TAURO LE PODRÍA SORPRENDER LA PASIÓN QUE DESPIERTA LA PRESENCIA DE ESCORPIO.

A NIVEL INTELECTUAL NO CONECTÁIS TANTO PERO SI LO HACÉIS, YA PUEDE SER LA BOMBA.

AMBOS SOIS POSESIVOS Y TESTARUDOS, DE AHÍ SÍ PUEDEN SURGIR PROBLEMAS Y OS PODÉIS ENFRENTAR A MENUDO.

A LOS DOS OS CUESTA EXPRESAROS EMOCIONALMENTE.

AMBOS SOIS EXTREMADAMENTE FIELES Y LEALES Y POR ESO ESTÁIS CÓMODOS Y SEGUROS JUNTOS.

ESCORPIO NECESITA EXPRESAR SU AMOR A TRAVÉS DEL SEXO, MIENTRAS QUE TAURO PUEDE NECESITAR MÁS CARIÑO. ESCORPIO AYUDARÁ A TAURO A EXPLORAR LA PARTE DE SÍ MISMO EN LA QUE EL AMOR Y LA SENSUALIDAD ALCANZAN SU PUNTO ÁLGIDO.

CONSEJO PARA HACER QUE FUNCIONE (¡AÚN MEJOR!)

NECESITÁIS APRENDER A ABRIROS EMOCIONALMENTE Y A DEJAROS ESPACIO MUTUAMENTE.

ESCORPIO Y GÉMINIS. AGUA – AIRE

LA COMPATIBILIDAD ES BASTANTE BAJA, SOIS TOTALMENTE OPUESTOS ENTRE SÍ EN CASI TODOS LOS ASPECTOS DE VUESTRAS PERSONALIDADES.

ESCORPIO ES ALTAMENTE EMOCIONAL Y FORJA RELACIONES PROFUNDAS Y SIGNIFICATIVAS. GÉMINIS, EN CAMBIO, DIFÍCILMENTE SE ATA A OTRA PERSONA Y LA MAYORÍA DE SUS RELACIONES SUELEN SER SUPERFICIALES HASTA QUE ENCUENTRA A SU VERDADERA MEDIA NARANJA.

GÉMINIS FLIRTEA POR NATURALEZA Y ESO DISPARARÁ LOS CELOS DE ESCORPIO.

NO ESTÁ TODO PERDIDO SI EN VEZ DE JUZGAR A VUESTRA PAREJA, AMBOS OS LAS ARREGLÁIS PARA COMPLEMENTAROS MUTUAMENTE CON VUESTRAS CUALIDADES OPUESTAS.

SEXUALMENTE, ESCORPIO SORPRENDERÁ A GÉMINIS Y AMBOS PODRÉIS DISFRUTAR JUNTOS DE UNA UNIÓN INTERESANTE, APASIONADA Y FELIZ EN LA INTIMIDAD.

CONSEJO PARA HACER QUE FUNCIONE

DEBÉIS ESTAR DISPUESTOS A APRENDER EL UNO DEL OTRO Y DERROCHAR MUCHO AMOR, PACIENCIA Y CONFIANZA.

ESCORPIO Y CÁNCER. AGUA - AGUA

TENÉIS UN GRADO DE COMPATIBILIDAD ALTO. AMBOS SOIS SENSIBLES, EMOCIONALES Y CARIÑOSOS, PERO ESCORPIO TIENE UN MODO MUY DISTINTO DE EXPRESAR EL AMOR: ES EXIGENTE Y PIDE MUCHO MÁS A CAMBIO DE LO QUE DA. SON PAREJAS POSESIVAS, AUNQUE LOS CÁNCER DEBERÍAN SER CAPACES DE ADAPTARSE A ESO, YA QUE LES ENCANTA DEMOSTRAR REITERADAMENTE SU AMOR.

LA RELACIÓN TENDRÁ MÁS POSIBILIDADES AÚN DE PROSPERAR SI CÁNCER DETECTA UNA "CAUSA" EN SU PAREJA ESCORPIO. EN ESE CASO, DISFRUTARÁ EL RETO DE SUPERAR LAS BARRERAS DE ESCORPIO Y CONECTAR CON SU ALMA.

LAS RELACIONES SEXUALES SERÁN MUY GRATIFICANTES A LARGO PLAZO, PORQUE A LOS DOS OS GUSTA EL SEXO, SOIS ABIERTOS Y CARIÑOSOS. SIN EMBARGO, MIENTRAS ESCORPIO SE GUÍA POR LO PURAMENTE SENSUAL, CÁNCER NECESITA UNOS LAZOS AFECTIVOS Y UN NIVEL MAYOR DE AMOR EN LAS RELACIONES A LARGO PLAZO.

CONSEJO PARA HACER QUE FUNCIONE (¡AÚN MEJOR!)

ESCORPIO DEBERÍA INTENTAR NO EXIGIR TANTO Y CÁNCER EVITAR IR DE VÍCTIMA.

ESCORPIO Y LEO. AGUA – FUEGO

LA COMPATIBILIDAD ES BAJA, LA ATRACCIÓN, ENORME.
EL ROMÁNTICO LEO ES AUTOSUFICIENTE Y SEGURO Y UN
AMANTE ARDIENTE, LLENO DE ENCANTO Y MAGNETISMO
FÍSICO QUE SE VERÁ FASCINADO AL INSTANTE POR LAS ES-
TRATEGIAS DE ESCORPIO Y SU LEGENDARIO MISTERIO.
EN VUESTRA RELACIÓN SEXUAL, LA COMBINACIÓN DE
FUEGO Y AGUA GENERARÁ SUFICIENTE VAPOR COMO PARA
ACCIONAR UNA TURBINA.
EL ENFRENTAMIENTO DE DOS EGOS FUERTES PUEDE ORIGI-
NAR CONFLICTOS IMPORTANTES AL INTENTAR LEO DAR
ÓRDENES A ESCORPIO O ENTROMETERSE EN SUS ESPACIOS
PRIVADOS. ¡PELIGRO!
EN UNA RELACIÓN, A LEO LE GUSTA SER EL CENTRO, EL
PUNTO EN TORNO AL QUE TODO GIRA. EL CASO ES SI ESCOR-
PIO PODRÁ AGUANTARLO…

CONSEJO PARA HACER QUE FUNCIONE

DEBÉIS TENER CLAROS VUESTROS SENTIMIENTOS E INTEN-
CIONES DESDE EL PRIMER MOMENTO, ESTABLECER UNAS
REGLAS DEL JUEGO Y SABER QUE VUESTRA PAREJA PUEDE
SER REALMENTE FIEL.

ESCORPIO Y VIRGO. AGUA - TIERRA

LA COMPATIBILIDAD ES BASTANTE ALTA. ESTA RELACIÓN SUELE SER FRUCTÍFERA EN MUCHOS SENTIDOS.

AMBOS SIGNOS CONECTÁIS MUY BIEN, PORQUE VIRGO ES EL SIGNO DE AMISTAD Y REALIZACIÓN PARA ESCORPIO, MIENTRAS QUE ESCORPIO REPRESENTA EL SIGNO DE COMUNICACIÓN PARA VIRGO.

AMBOS TENÉIS UN ENFOQUE PRÁCTICO ANTE LA VIDA. NO OBSTANTE LOS ESCORPIO SON MÁS AVENTUREROS QUE EL PRUDENTE VIRGO.

AMBOS SOIS MUY EXIGENTES, AUNQUE DE DISTINTA MANERA. LOS ESCORPIO SUELEN TENER MUCHA FUERZA DE VOLUNTAD Y NO EVITAN LAS CONFRONTACIONES. LOS VIRGO SON IGUAL DE DECIDIDOS, PERO MÁS CEREBRALES Y PRUDENTES Y A LARGO PLAZO, PUEDEN SENTIR QUE ESCORPIO ES UNA PERSONA INSENSIBLE, QUE NO RESPETA SUS NECESIDADES EMOCIONALES.

CONSEJO PARA HACER QUE FUNCIONE (¡AÚN MEJOR!)

LOS DOS TENDRÉIS QUE CONTROLAR VUESTRA TENDENCIA A EXIGIR DEMASIADO PARA QUE LA RELACIÓN FUNCIONE.

RELACIÓN MUY EQUILIBRADA CON UNA COMPATIBILIDAD AL-TÍSIMA. LIBRA REPRESENTA EL AMOR, LA SENSUALIDAD Y EL PLACER. ESCORPIO REPRESENTA LA ACCIÓN, LA ESTRATE-GIA Y EL INGENIO.

GENERALMENTE LOS OPUESTOS SE ATRAEN Y EN ESTE CASO, ADEMÁS, SE COMPLEMENTAN. ESCORPIO AYUDA A TOMAR DECISIONES A LIBRA, QUE SE LO PIENSA TODO MUCHO Y LIBRA AYUDA A ESCORPIO A PROFUNDIZAR EN EL AMOR Y A DAR SENTIDO A SUS SENSACIONES Y EMOCIONES, PODRÁ VIVIR ESAS PASIONES PONIÉNDOLES NOMBRE.

LOS DOS OS SENTIRÉIS ATRAIDOS CON SOLO VEROS Y EN-TRARÉIS EN UN JUEGO DE INSINUACIONES MUY SENSUAL.

ESCORPIO ES MUY CELOSO PERO CON LIBRA NO TENDRÁ PROBLEMAS, PORQUE ÉSTE, UNA VEZ TIENE PAREJA, NO COQUETEARÁ CON NADIE MÁS.

LAS IDEAS NO FALTARÁN ENTRE VOSOTROS Y OS PODÉIS CONVERTIR EN UNA PAREJA DE ÉXITO INCLUSO ECONÓMICO.

CONSEJO PARA HACER QUE FUNCIONE (¡AÚN MEJOR!)

DEBÉIS APRENDER A COMUNICAROS Y CONFIAR UNO EN EL OTRO, PARA FORMAR UN TÁNDEM PERFECTO.

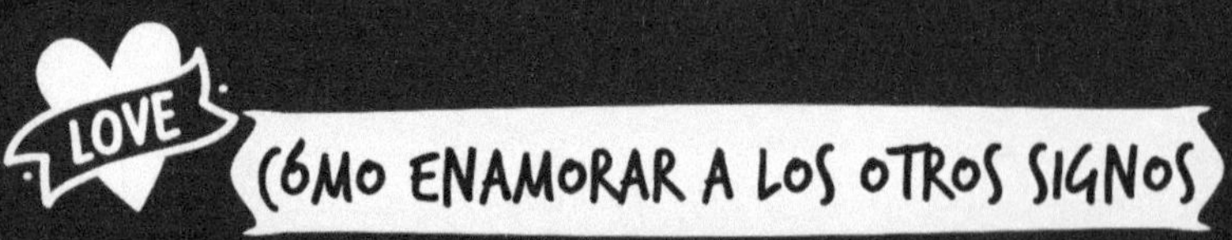

INDEPENDIENTEMENTE DE LA CLARIFICADORA INFORMACIÓN PREVIA, EL AMOR VIENE ASÍ DE ESTA MANERA, Y TE HAS ENAMORADO DE OTRO SER HUMANO (ESPERO), AQUÍ VAN LOS CONSEJOS INFALIBLES PARA QUE ESCORPIO ENAMORE A CADA UNO DE ELLOS:

ARIES: SI QUIERES ENAMORAR A UN ARIES, ES NECESARIO QUE DEJES DE REFLEXIONAR TANTO Y TE LANCES DE UNA VEZ, PORQUE ARIES NO SE ANDA CON VUELTAS Y SE PUEDE ABURRIR DE ESPERAR. ARIES ES ESPONTÁNEO, IMPACIENTE E IMPULSIVO CUANDO AMA. NECESITA CARIÑO Y CONTACTO FÍSICO; NO TARDES EN DÁRSELO.

TAURO: TIENE MENOS PACIENCIA ANTE LAS EXIGENCIAS EMOCIONALES DE SU PAREJA. NO LO PRESIONES. EL TORO ES TESTARUDO ASÍ QUE INTENTA CEDER EN ALGUNAS DISCUSIONES, SI NO EL CONFLICTO SERÁ CONSTANTE. HAZLE SABER QUE TÚ TAMBIÉN VALORAS EL BIENESTAR ECONÓMICO, LA VIDA ESTABLE Y LA FIDELIDAD EN LA PAREJA.

GÉMINIS: TENDRÁS QUE RELAJARTE. NO TE MUESTRES TAN CELOSO NI PRETENDAS REDUCIR SU ACTIVIDAD SOCIAL,

PORQUE GÉMINIS NO TE LO VA A PERMITIR. ÉL SÓLO DESEA DIVERTIRSE, DISFRUTAR, FLUIR; SÉ SU COMPAÑÍA.

CÁNCER: HAZ QUE CONOZCA TU SOLIDEZ Y COMPROMISO, YA QUE BUSCA UNA PAREJA ESTABLE CON QUIEN PUEDA PROYECTAR UNA VIDA HOGAREÑA. CÁNCER ES MUY TIERNO Y GENEROSO Y ESTO ES LO QUE QUIERES, ESCORPIO, PERO NO ABUSES DE ÉL PORQUE ES MUY SENSIBLE. ES IMPORTANTE QUE DEMUESTRES TUS SENTIMIENTOS.

LEO: TEN CUIDADO DE NO METERTE CON SU EGO. EL LEÓN ES EL REY, Y SI TE PONES EXIGENTE, MANDÓN O TE ENTROMETES EN SU PRIVACIDAD, EL CONFLICTO SERÁ IMPORTANTE. TENDRÁS QUE AGUANTAR Y DEJAR DE QUERER CONTROLARLO TODO SI QUIERES ESTAR BIEN A SU LADO.

VIRGO: EL ORDEN ES UNA NORMA EN LA VIDA DE VIRGO, POR LO QUE SE SENTIRÁ SEGURO CUANDO VEA QUE ERES METÓDICO Y PRÁCTICO. SU PERSONALIDAD PACÍFICA Y SU AFÁN DE SERENIDAD CONSTANTE PUEDEN VERSE AFECTADAS POR TUS CAMBIOS DE HUMOR, DUDAS EXISTENCIALES O PRETENSIÓN DE POSEER. ESCORPIO, NO SEAS TAN INTENSO CON VIRGO SI QUIERES QUE SE QUEDE A TU LADO.

LIBRA: TIENES QUE DEMOSTRARLE CONFIANZA Y AYUDARLE A TOMAR DECISIONES CUANDO ESTÉ PERDIDO, ASÍ SE SENTIRÁ SEGURO. LO AHUYENTARÁS SI ERES DESCONFIADO Y POSESIVO. LO ENAMORARÁS POR EL LADO DEL ROMANCE, LA PASIÓN Y LAS NUEVAS EXPERIENCIAS. ESCORPIO, DEJA QUE LIBRA TE ENSEÑE A PROFUNDIZAR EN EL AMOR.

ESCORPIO: TENDRÁS QUE APRENDER A CEDER UN POCO CUANDO SE TRATE DE TUS OBJETIVOS PERSONALES Y COMENZAR A TRANSITAR JUNTO A TU PAREJA DEL MISMO SIGNO. SABES QUE, AL IGUAL QUE TÚ, EL ESCORPIÓN TE ESTARÁ PROBANDO, ASÍ QUE VE AL FRENTE SI QUIERES GANAR. MUÉSTRATE FUERTE PERO NO INVASIVO, INVÍTALE A COMPARTIR AVENTURAS Y SÉ COMPRENSIVO CON SUS CELOS.

SAGITARIO: TENDRÁS QUE APRENDER A RELAJARTE Y DESDRAMATIZAR UN POCO SI QUIERES CAERLE BIEN. TAMPOCO PRETENDAS ATARLO NI TE METAS CON SU INDEPENDENCIA, SAGITARIO NECESITA SU ESPACIO O SE SENTIRÁ AHOGADO. AMBOS SOIS METÓDICOS Y ORGANIZADOS, POR LO QUE OS LLEVARÉIS BIEN A LA HORA DE HACER PLANES JUNTOS. COMIENZA PROPONIÉNDOLE UN VIAJE O ACTIVIDAD AL AIRE LIBRE QUE PODÁIS IMAGINAR JUNTOS.

CAPRICORNIO: TEN PACIENCIA CON SU ACTITUD DISTANTE. LE IMPRESIONARÁS SIENDO TRANSPARENTE Y SINCERO, Y FINALMENTE BAJARÁ LA GUARDIA. NECESITA TAMBIÉN APOYO EN SUS OBJETIVOS Y UN POCO DE ÁNIMO PARA VENCER SU PESIMISMO; ALGO QUE TÚ PUEDES BRINDARLE.

ACUARIO: DEBERÁS CALMAR TU CARÁCTER POSESIVO PARA NO AHOGAR AL AUTÓNOMO ACUARIO. ACUARIO ES SOLIDARIO, SOCIABLE Y AFECTUOSO, POR LO QUE ES SENCILLO ACERCARSE A ÉL. SIN EMBARGO, NO ENTREGA SU CORAZÓN FÁCILMENTE. DISFRUTA MUCHO DE LA NOVEDAD; INVÍTALE A HACER ALGO ORIGINAL. NO LE HABLES DE TUS DUDAS EXISTENCIALES NI DE INQUIETUDES ANGUSTIOSAS TODAVÍA.

PISCIS: TRÁTALO CON SUAVIDAD. PARA ENAMORARLE, VE CON UNA ACTITUD RELAJADA Y AMABLE; NO SE SENTIRÁ CÓMODO SI ERES DISTANTE O PRESUMIDO. A PISCIS LE GUSTA MUCHO AYUDAR A LOS DEMÁS, POR LO QUE CONFIARLE TUS PROBLEMAS PUEDE SER UNA BUENA FORMA DE GENERARLE EMPATÍA Y DESEOS DE ENTRAR EN TU VIDA.

Escorpio y el sexo

TIENES FAMA DE SER EL MÁS SEXUAL DE TODO EL ZODIACO, EL MEJOR AMANTE, Y QUE SABES COMBINAR COMO NADIE LOS SENTIMIENTOS Y EL SEXO. ¡GRRRRRRUAU!

LOS PRELIMINARES SON MUY IMPORTANTES PARA TI, EXIGES CIERTA ENTREGA Y CREER QUE TODO LO TIENES BAJO CONTROL.

TE GUSTA TENER EL PAPEL DE SEDUCTOR Y TE GUSTAN LOS RETOS TAMBIÉN EL INTELECTO Y LAS PERSONAS QUE VIVEN LA VIDA INTENSAMENTE. ESTO TE HACE ESTAR ON FIRE!

TE ATRAE UNA ACTITUD DE INCONQUISTABLE, ES COMO SI LLEVARAS UN RADAR QUE DETECTE EL MISTERIO. EL PELIGRO, LO DESCONOCIDO, SON EMOCIONES QUE TE FASCINAN.

LA PASIÓN TE DEVORA LLEVÁNDOTE A BUSCAR CADA VEZ SENSACIONES MÁS Y MÁS FUERTES. EL SEXO ES TU PRINCIPAL VÍA DE ESCAPE DE TODO LO QUE LLEVAS DENTRO.

LO QUE MÁS TE GUSTA EN LA CAMA ES POCO CONVENCIONAL Y LASCIVO: LOS MORDISCOS, LOS CHUPETONES, CHUPAR LOS PIES Y LAS MANOS, LOS JUEGOS ERÓTICOS, LOS MASAJES TÁNTRICOS, POSTURAS NOVEDOSAS. TE GUSTA HACERLO EN EL SUELO, EN UN PARQUE, EN LA ESCALERA DE UN EDIFICIO, EN UNA PISCINA... EN LUGARES DONDE PUEDAN PILLARTE. ¡TE VA LA MARCHA, QUERIDO ESCORPIO!

LOS SIGNOS SEXUALMENTE MÁS COMPATIBLES CONTIGO SON CÁNCER, PISCIS QUE SON DE SU MISMO ELEMENTO, AGUA, Y TAURO AUNQUE SEA DE TIERRA.

Escorpio y el trabajo

DADA TU CAPACIDAD PARA CASI TODO, LOS ESCORPIO PODÉIS EN TEORÍA TRIUNFAR EN LO QUE QUERÁIS SOIS BUENOS MÉDICOS, CIENTÍFICOS, POLICÍAS, DETECTIVES, ABOGADOS Y ESCRITORES. PODÉIS SER BUENOS ORADORES, PREDICADORES Y DIPLOMÁTICOS. EN REALIDAD, SI UN ESCORPIO SE APLICA Y CONTROLA SU LADO NEGATIVO, SU FUTURO PROFESIONAL NO TIENE LÍMITES.

ERES UN SIGNO CON MUCHA FUERZA Y TIENES UN TEMPERAMENTO BASTANTE GRANDE, POR LO QUE SERÁ SIEMPRE BUENO QUE TRABAJES LA CAPACIDAD DE APRENDER A COLABORAR CON OTROS, PESE A QUE MUCHAS VECES TE MUESTRES BASTANTE AFABLE CON QUIENES LE RODEAN.

ES IMPORTANTE PARA TI EL APROVECHAR TU GRAN CAPACIDAD DE INVESTIGACIÓN, ERES BASTANTE INQUIETO Y SIEMPRE ESTÁS BUSCANDO CONOCER MÁS Y MEJORAR EN TODOS LOS ASPECTOS.

Tienes la capacidad de ser muy emotivo y por eso muchas veces intentarás mezclar estas dos cosas, lo profesional y lo emocional.

Profesiones como psiquiatra, psicólogo o terapeuta están dentro de las más convenientes para ti, ya que puedes utilizar toda la inteligencia emocional que posees para tratar los problemas de otros sin la necesidad de hacer propios los problemas de los demás.

También sois muy propensos a trabajar en el área de la salud en general, ya que se os da muy bien eso de tratar con las personas y sus problemas, en especial si sabéis que podéis dar solución a esos problemas.

Tienes mucho futuro como asistente social o todo lo que esté relacionado con servir al prójimo y ayudarles a solucionar sus conflictos, sobre todo si están conectados con su calidad de vida, ya que te interesa mucho la justicia, en especial la justicia social.

EN GENERAL LAS PROFESIONES QUE TIENEN MUCHO QUE VER CON TUS CAPACIDADES, SON AQUELLAS RELACIONADAS CON LA INVESTIGACIÓN, YA QUE TIENES UN CARÁCTER CURIOSO Y CUENTAS CON UN BUEN SEXTO SENTIDO, POR LO QUE APROVECHANDO LA GRAN CAPACIDAD QUE TIENES PARA AYUDAR A OTROS, UNIDO A TU NATURALEZA PERSPICAZ, PODRÍAS RESOLVER HASTA LOS CASOS MÁS DIFÍCILES, GRACIAS A TU INCREÍBLE CAPACIDAD PARA RELACIONAR EL PUNTO UNO CON EL PUNTO TRES, PASANDO POR EL DOS Y DANDO ASÍ LA SOLUCIÓN A UN CASO QUE QUIZÁS A OTROS LES TENÍA QUEBRÁNDOSE LA CABEZA. HOLA, ESCORPIO HOLMES.

EN RESUMEN, ERES UN SIGNO DE ALTO VALOR MORAL Y CON UNA ÉTICA INTACHABLE, POR LO QUE LAS PROFESIONES QUE TENGAN QUE VER CON EL USO DE AMBAS FUERZAS SERÁN SIEMPRE LAS IDEALES PARA TI.

NO PUEDES IR ATRÁS Y CAMBIAR EL COMIENZO, PERO PUEDES EMPEZAR DONDE ESTÁS AHORA Y CAMBIAR EL FINAL
SOY EL ASTEROIDE SABIO Y TENGO UN MENSAJE PARA TI

Escorpio y la amistad

ERES UNO DE LOS AMIGOS MÁS LEALES QUE TE PUEDES ENCONTRAR Y SIEMPRE DAS LA CARA POR SUS AMIGOS. SUELES TENER POCOS, PERO VERDADEROS.

TENERTE COMO AMIGO ES SINÓNIMO DE APOYO INCONDICIONAL, SOBRE TODO SI SE TRATA DE VIVIR AVENTURAS, NUEVOS PROYECTOS O HISTORIAS AMOROSAS CON ALGO DE RIESGO, INTRIGA O MISTERIO. TODO LO QUE SEA COMPLICADO TE ATRAE.

ERES MUY BUEN CONSEJERO, MUY RACIONAL Y MEDITAS MUCHO ANTES DE PRONUNCIAR UNA SOLA PALABRA. TU INTELIGENCIA, TU CONTROL Y TU FRIALDAD TE AYUDAN A PENSAR CON CLARIDAD Y SIN IMPLICAR DEMASIADO TUS SENTIMIENTOS.

SI CREES QUE UN AMIGO TE HA FALLADO, ERES ALTAMENTE RENCOROSO Y VENGATIVO. NUNCA OLVIDAS LOS DAÑOS QUE TE HAYAN HECHO.

TU NATURALEZA NO SE ASOCIA A TENER UNA VIDA SOCIAL MUY ANIMADA, PERO ERES PERFECTO PARA INTIMAR Y RELACIONARTE EN CÍRCULOS CERCANOS Y PEQUEÑOS.
LOS QUE CONSIGUEN TU AMISTAD SERÁN VENERADOS Y PROTEGIDOS POR TI.

UN BUEN AMIGO DE ESCORPIO ES VIRGO, YA QUE CON SU INFINITA CALMA Y PACIENCIA PUEDE LLEGAR A SACAR PARTES TUYAS QUE CREÍAS TOTALMENTE NEGADAS PARA TU VIDA. RECORDARÁ CADA COSA QUE LE HAYAS CONTADO, YA QUE ESA ES UNA DE SUS ESPECIALIDADES Y ESO TE ENCANTARÁ.

OTRO SIGNO QUE PUEDE FORMAR UNA EXCELENTE ALIANZA CONTIGO ES CAPRICORNIO, AMBOS OS ENTREGARÉIS MUTUO ENTENDIMIENTO Y ADMIRACIÓN POR LA FORMA EN QUE SOIS CAPACES DE MIRAR EL MUNDO Y SU PROBLEMÁTICA.

La página mágica

ESTE LIBRO ES MÁGICO, COMO TÚ, Y VIENE CON UN REGALO: LA PÁGINA MÁGICA.

AUSPICIADO POR TUS PROTECTORES, PODRÁS FORMULAR UN DESEO Y AL ESCRIBIRLO, EL DESEO SE CUMPLIRÁ EN EL MOMENTO PRECISO.

CONCÉNTRATE, RESPIRA HONDO E INVOCA A PLUTÓN Y A TU SERPIENTE DE LA SUERTE.

EL DESEO SE CUMPLIRÁ

MI DESEO ES:

Consejos de vida para Escorpio

ERES INTENSO, PROFUNDO Y EXTREMADAMENTE INTELI-GENTE, SABES, PORQUE LO SABES, QUE SI TE LO PRO-PONES PUEDES CONSEGUIR TODO, PERO TODO, TODITO, TODO. ÚNICAMENTE HAS DE MANTENER A RAYA TUS IN-SEGURIDADES, ¿CÓMO PUEDE SENTIRSE INSEGURO UN SER TAN EXTRAORDINARIO Y ÚNICO COMO TÚ? ES IRRACIONAL.

SI CONSIGUES MANTENER LA PARTE OSCURA DE TU MENTE BIEN ATADA Y VUELCAS TODO TU POTENCIAL EN OBJETIVOS SALUDABLES Y CONSTRUCTIVOS, TE ESPERA UNA VIDA DE LAS QUE HACEN HISTORIA, QUIZÁS LITERAL-MENTE, DEPENDERÁ SÓLO DEL TAMAÑO DE TU AMBICIÓN.

VIVE CADA DÍA INTENSAMENTE, COMO SÓLO TÚ SABES HACERLO, MIRA COMO MIRAS, INTUYE COMO INTUYES, PROVOCA COMO PROVOCAS, ERES UN DIAMANTE, UN SER ÚNICO Y VALIOSO, NO HAY NADIE MÁS COMO TÚ.

NO DEJES AL MUNDO SIN EL PLACER Y ASOMBRO DE VER CÓMO CRECES Y TRIUNFAS.

EN EL AMOR RESPIRA HONDO, TEN CONFIANZA, NO TENGAS MIEDO DE MOSTRAR QUIÉN ERES NI TUS SEN-TIMIENTOS, SI ALGÚN SER OSA NO CAER RENDIDO ANTE TANTA BELLEZA INTERIOR, ESE SER NO MERECE TU TIEMPO, NI POR SUPUESTO, TU AMOR. NO LO OLVIDES.

EL ÚNICO IMPEDIMENTO PARA CONSEGUIR LA EXCELEN-CIA EN TODO ERES TÚ MISMO, ASÍ QUE YA NO TE VAS A PONER MÁS LA ZANCADILLA, ¿A QUE NO?

PONTE METAS INALCANZABLES PARA OTROS, PORQUE PARA TI NUNCA LO SERÁN, TE NECESITAMOS ESCORPIO, PARA QUE NOS GUÍES, PARA QUE INVENTES COSAS AÚN NO INVENTADAS NI IMAGINADAS, PARA QUE NOS PROTEJAS.

HAZTE UN FAVOR Y CREE EN TI, ÁMATE CON LA FUERZA Y PASIÓN CON LA QUE AMAS A OTROS Y NADA NI NADIE PODRÁ PARARTE.

LA VIDA TE ESPERA, ¡A POR ELLA, ESCORPIO!